Site _

Nom d'utilisateur _

Mot de passe _

Email associé _ _ _ _ _ _ _ _ _ _ _ _ _ _ _ _ _ _ _

Question & réponse sécrètes _ _ _ _ _ _ _ _ _ _ _ _

_ _

_ _

_ _

Site _

Nom d'utilisateur _

Mot de passe _

Email associé _ _ _ _ _ _ _ _ _ _ _ _ _ _ _ _ _ _ _

Question & réponse sécrètes _ _ _ _ _ _ _ _ _ _ _ _ _

_ _

_ _

_ _

A

Site _____

Nom d'utilisateur _____

Mot de passe _____

Email associé _____

Question & réponse sécrètes _____

_____

_____

_____

Site _____

Nom d'utilisateur _____

Mot de passe _____

Email associé _____

Question & réponse sécrètes _____

_____

_____

_____

A

Site _____

Nom d'utilisateur _____

Mot de passe _____

Email associé _____

Question & réponse sécrètes _____

_____

_____

_____

Site _____

Nom d'utilisateur _____

Mot de passe _____

Email associé _____

Question & réponse sécrètes _____

_____

_____

_____

B

Site _

Nom d'utilisateur _ _ _ _ _ _ _ _ _ _ _ _ _ _ _ _ _ _ _

Mot de passe _

Email associé _

Question & réponse sécrètes _ _ _ _ _ _ _ _ _ _ _

_ _

_ _

_ _

Site _

Nom d'utilisateur _ _ _ _ _ _ _ _ _ _ _ _ _ _ _ _ _ _ _

Mot de passe _

Email associé _

Question & réponse sécrètes _ _ _ _ _ _ _ _ _ _ _

_ _

_ _

_ _

B

Site _

Nom d'utilisateur _

Mot de passe _

Email associé _

Question & réponse sécrètes _ _ _ _ _ _ _ _ _ _ _ _ _ _

_ _

_ _

_ _

Site _

Nom d'utilisateur _

Mot de passe _

Email associé _

Question & réponse sécrètes _ _ _ _ _ _ _ _ _ _ _ _ _ _

_ _

_ _

_ _

B

Site _

Nom d'utilisateur _ _ _ _ _ _ _ _ _ _ _ _ _ _ _ _ _ _ _

Mot de passe _

Email associé _ _ _ _ _ _ _ _ _ _ _ _ _ _ _ _ _ _ _

Question & réponse sécrètes _ _ _ _ _ _ _ _ _ _ _ _ _

_ _

_ _

_ _

Site _

Nom d'utilisateur _ _ _ _ _ _ _ _ _ _ _ _ _ _ _ _ _ _

Mot de passe _

Email associé _ _ _ _ _ _ _ _ _ _ _ _ _ _ _ _ _ _ _

Question & réponse sécrètes _ _ _ _ _ _ _ _ _ _ _ _ _

_ _

_ _

_ _

B

Site _

Nom d'utilisateur _ _ _ _ _ _ _ _ _ _ _ _ _ _ _ _ _ _ _

Mot de passe _

Email associé _ _ _ _ _ _ _ _ _ _ _ _ _ _ _ _ _ _ _

Question & réponse sécrètes _ _ _ _ _ _ _ _ _ _ _ _ _

_ _

_ _

_ _

Site _

Nom d'utilisateur _ _ _ _ _ _ _ _ _ _ _ _ _ _ _ _ _ _ _

Mot de passe _

Email associé _ _ _ _ _ _ _ _ _ _ _ _ _ _ _ _ _ _ _

Question & réponse sécrètes _ _ _ _ _ _ _ _ _ _ _ _ _

_ _

_ _

_ _

C

Site _

Nom d'utilisateur _ _ _ _ _ _ _ _ _ _ _ _ _ _ _ _ _ _ _

Mot de passe _

Email associé _

Question & réponse sécrètes _ _ _ _ _ _ _ _ _ _ _ _

_ _

_ _

_ _

Site _

Nom d'utilisateur _ _ _ _ _ _ _ _ _ _ _ _ _ _ _ _ _ _ _

Mot de passe _

Email associé _

Question & réponse sécrètes _ _ _ _ _ _ _ _ _ _ _ _

_ _

_ _

_ _

C

Site _

Nom d'utilisateur _

Mot de passe _

Email associé _

Question & réponse sécrètes _ _ _ _ _ _ _ _ _ _ _ _ _ _ _ _ _ _

_ _

_ _

_ _

Site _

Nom d'utilisateur _

Mot de passe _

Email associé _

Question & réponse sécrètes _ _ _ _ _ _ _ _ _ _ _ _ _ _ _ _ _ _

_ _

_ _

_ _

C

Site _

Nom d'utilisateur _ _ _ _ _ _ _ _ _ _ _ _ _ _ _ _ _ _ _

Mot de passe _

Email associé _

Question & réponse sécrètes _ _ _ _ _ _ _ _ _ _ _ _

_ _

_ _

_ _

Site _

Nom d'utilisateur _ _ _ _ _ _ _ _ _ _ _ _ _ _ _ _ _ _ _

Mot de passe _

Email associé _

Question & réponse sécrètes _ _ _ _ _ _ _ _ _ _ _ _

_ _

_ _

_ _

C

Site _

Nom d'utilisateur _

Mot de passe _

Email associé _

Question & réponse sécrètes _ _ _ _ _ _ _ _ _ _ _ _

_ _

_ _

_ _

Site _

Nom d'utilisateur _ _ _ _ _ _ _ _ _ _ _ _ _ _ _ _ _ _ _

Mot de passe _

Email associé _

Question & réponse sécrètes _ _ _ _ _ _ _ _ _ _ _ _

_ _

_ _

_ _

D

Site _

Nom d'utilisateur _ _ _ _ _ _ _ _ _ _ _ _ _ _ _ _ _ _ _

Mot de passe _

Email associé _

Question & réponse sécrètes _ _ _ _ _ _ _ _ _ _ _

_ _

_ _

_ _

Site _

Nom d'utilisateur _ _ _ _ _ _ _ _ _ _ _ _ _ _ _ _ _ _ _

Mot de passe _

Email associé _

Question & réponse sécrètes _ _ _ _ _ _ _ _ _ _ _

_ _

_ _

_ _

D

Site _

Nom d'utilisateur _ _ _ _ _ _ _ _ _ _ _ _ _ _ _ _ _

Mot de passe _ _ _ _ _ _ _ _ _ _ _ _ _ _ _ _ _ _ _

Email associé _ _ _ _ _ _ _ _ _ _ _ _ _ _ _ _ _

Question & réponse sécrètes _ _ _ _ _ _ _ _ _ _ _

_ _

_ _

_ _

Site _

Nom d'utilisateur _ _ _ _ _ _ _ _ _ _ _ _ _ _ _ _

Mot de passe _ _ _ _ _ _ _ _ _ _ _ _ _ _ _ _ _ _

Email associé _ _ _ _ _ _ _ _ _ _ _ _ _ _ _ _ _

Question & réponse sécrètes _ _ _ _ _ _ _ _ _ _ _

_ _

_ _

_ _

D

Site _

Nom d'utilisateur _ _ _ _ _ _ _ _ _ _ _ _ _ _ _

Mot de passe _ _ _ _ _ _ _ _ _ _ _ _ _ _ _ _

Email associé _ _ _ _ _ _ _ _ _ _ _ _ _ _ _

Question & réponse sécrètes _ _ _ _ _ _ _ _ _

_ _ _ _ _ _ _ _ _ _ _ _ _ _ _ _ _ _ _ _

_ _ _ _ _ _ _ _ _ _ _ _ _ _ _ _ _ _ _ _

_ _ _ _ _ _ _ _ _ _ _ _ _ _ _ _ _ _ _ _

Site _

Nom d'utilisateur _ _ _ _ _ _ _ _ _ _ _ _ _ _ _

Mot de passe _ _ _ _ _ _ _ _ _ _ _ _ _ _ _ _

Email associé _ _ _ _ _ _ _ _ _ _ _ _ _ _ _

Question & réponse sécrètes _ _ _ _ _ _ _ _ _

_ _ _ _ _ _ _ _ _ _ _ _ _ _ _ _ _ _ _ _

_ _ _ _ _ _ _ _ _ _ _ _ _ _ _ _ _ _ _ _

_ _ _ _ _ _ _ _ _ _ _ _ _ _ _ _ _ _ _ _

D

Site _

Nom d'utilisateur _ _ _ _ _ _ _ _ _ _ _ _ _ _ _ _ _

Mot de passe _ _ _ _ _ _ _ _ _ _ _ _ _ _ _ _ _ _

Email associé _ _ _ _ _ _ _ _ _ _ _ _ _ _ _ _ _

Question & réponse sécrètes _ _ _ _ _ _ _ _ _ _ _

_ _ _ _ _ _ _ _ _ _ _ _ _ _ _ _ _ _ _ _

_ _ _ _ _ _ _ _ _ _ _ _ _ _ _ _ _ _ _ _

_ _ _ _ _ _ _ _ _ _ _ _ _ _ _ _ _ _ _ _

Site _ _ _ _ _ _ _ _ _ _ _ _ _ _ _ _ _ _ _

Nom d'utilisateur _ _ _ _ _ _ _ _ _ _ _ _ _ _ _ _ _

Mot de passe _ _ _ _ _ _ _ _ _ _ _ _ _ _ _ _

Email associé _ _ _ _ _ _ _ _ _ _ _ _ _ _ _ _

Question & réponse sécrètes _ _ _ _ _ _ _ _ _ _ _

_ _ _ _ _ _ _ _ _ _ _ _ _ _ _ _ _ _ _ _

_ _ _ _ _ _ _ _ _ _ _ _ _ _ _ _ _ _ _ _

_ _ _ _ _ _ _ _ _ _ _ _ _ _ _ _ _ _ _ _

E

Site _

Nom d'utilisateur _ _ _ _ _ _ _ _ _ _ _ _ _ _ _ _ _ _

Mot de passe _

Email associé _ _ _ _ _ _ _ _ _ _ _ _ _ _ _ _ _ _ _

Question & réponse sécrètes _ _ _ _ _ _ _ _ _ _ _ _

_ _

_ _

_ _

Site _

Nom d'utilisateur _ _ _ _ _ _ _ _ _ _ _ _ _ _ _ _ _ _

Mot de passe _

Email associé _ _ _ _ _ _ _ _ _ _ _ _ _ _ _ _ _ _ _

Question & réponse sécrètes _ _ _ _ _ _ _ _ _ _ _ _

_ _

_ _

_ _

E

Site _

Nom d'utilisateur _ _ _ _ _ _ _ _ _ _ _ _ _ _ _ _ _ _

Mot de passe _

Email associé _ _ _ _ _ _ _ _ _ _ _ _ _ _ _ _ _ _

Question & réponse sécrètes _ _ _ _ _ _ _ _ _ _ _

_ _

_ _

_ _

Site _

Nom d'utilisateur _ _ _ _ _ _ _ _ _ _ _ _ _ _ _ _ _

Mot de passe _ _ _ _ _ _ _ _ _ _ _ _ _ _ _ _ _ _ _

Email associé _ _ _ _ _ _ _ _ _ _ _ _ _ _ _ _ _ _

Question & réponse sécrètes _ _ _ _ _ _ _ _ _ _ _

_ _

_ _

_ _

E

Site _

Nom d'utilisateur _

Mot de passe _

Email associé _

Question & réponse sécrètes _ _ _ _ _ _ _ _ _ _ _ _ _

_ _

_ _

_ _

Site _

Nom d'utilisateur _ _ _ _ _ _ _ _ _ _ _ _ _ _ _ _ _ _ _

Mot de passe _

Email associé _ _ _ _ _ _ _ _ _ _ _ _ _ _ _ _ _ _ _

Question & réponse sécrètes _ _ _ _ _ _ _ _ _ _ _ _

_ _

_ _

_ _

E

Site _

Nom d'utilisateur _ _ _ _ _ _ _ _ _ _ _ _ _ _ _ _

Mot de passe _ _ _ _ _ _ _ _ _ _ _ _ _ _ _ _ _

Email associé _ _ _ _ _ _ _ _ _ _ _ _ _ _ _ _

Question & réponse sécrètes _ _ _ _ _ _ _ _ _

_ _

_ _

_ _

Site _

Nom d'utilisateur _ _ _ _ _ _ _ _ _ _ _ _ _ _ _ _

Mot de passe _ _ _ _ _ _ _ _ _ _ _ _ _ _ _ _ _

Email associé _ _ _ _ _ _ _ _ _ _ _ _ _ _ _ _

Question & réponse sécrètes _ _ _ _ _ _ _ _ _

_ _

_ _

_ _

F

Site _

Nom d'utilisateur _ _ _ _ _ _ _ _ _ _ _ _ _ _ _ _ _

Mot de passe _ _ _ _ _ _ _ _ _ _ _ _ _ _ _ _ _ _ _

Email associé _ _ _ _ _ _ _ _ _ _ _ _ _ _ _ _ _ _

Question & réponse sécrètes _ _ _ _ _ _ _ _ _ _

_ _

_ _

_ _

Site _

Nom d'utilisateur _ _ _ _ _ _ _ _ _ _ _ _ _ _ _ _ _

Mot de passe _ _ _ _ _ _ _ _ _ _ _ _ _ _ _ _ _ _ _

Email associé _ _ _ _ _ _ _ _ _ _ _ _ _ _ _ _ _ _

Question & réponse sécrètes _ _ _ _ _ _ _ _ _ _

_ _

_ _

_ _

F

Site _

Nom d'utilisateur _ _ _ _ _ _ _ _ _ _ _ _ _ _ _ _ _ _

Mot de passe _ _ _ _ _ _ _ _ _ _ _ _ _ _ _ _ _ _ _

Email associé _ _ _ _ _ _ _ _ _ _ _ _ _ _ _ _ _ _

Question & réponse sécrètes _ _ _ _ _ _ _ _ _ _ _ _

_ _

_ _

_ _

Site _

Nom d'utilisateur _ _ _ _ _ _ _ _ _ _ _ _ _ _ _ _ _ _

Mot de passe _ _ _ _ _ _ _ _ _ _ _ _ _ _ _ _ _ _ _

Email associé _ _ _ _ _ _ _ _ _ _ _ _ _ _ _ _ _ _

Question & réponse sécrètes _ _ _ _ _ _ _ _ _ _ _ _

_ _

_ _

F

Site _

Nom d'utilisateur _

Mot de passe _

Email associé _ _ _ _ _ _ _ _ _ _ _ _ _ _ _ _ _ _ _

Question & réponse sécrètes _ _ _ _ _ _ _ _ _ _ _ _ _

_ _

_ _

_ _

Site _

Nom d'utilisateur _ _ _ _ _ _ _ _ _ _ _ _ _ _ _ _ _ _

Mot de passe _

Email associé _ _ _ _ _ _ _ _ _ _ _ _ _ _ _ _ _ _ _

Question & réponse sécrètes _ _ _ _ _ _ _ _ _ _ _ _ _

_ _

_ _

_ _

F

Site _

Nom d'utilisateur _ _ _ _ _ _ _ _ _ _ _ _ _ _ _ _

Mot de passe _ _ _ _ _ _ _ _ _ _ _ _ _ _ _ _ _

Email associé _ _ _ _ _ _ _ _ _ _ _ _ _ _ _

Question & réponse sécrètes _ _ _ _ _ _ _ _ _ _

_ _

_ _

_ _ _ _ _ _ _ _ _ _ _ _ _ _ _ _ _ _ _ _

Site _

Nom d'utilisateur _ _ _ _ _ _ _ _ _ _ _ _ _ _ _

Mot de passe _ _ _ _ _ _ _ _ _ _ _ _ _ _ _ _ _

Email associé _ _ _ _ _ _ _ _ _ _ _ _ _ _ _

Question & réponse sécrètes _ _ _ _ _ _ _ _ _ _

_ _

_ _

_ _ _ _ _ _ _ _ _ _ _ _ _ _ _ _ _ _ _ _

G

Site _

Nom d'utilisateur _ _ _ _ _ _ _ _ _ _ _ _ _ _ _ _ _ _ _

Mot de passe _

Email associé _

Question & réponse sécrètes _ _ _ _ _ _ _ _ _ _ _ _ _

_ _

_ _

_ _

Site _

Nom d'utilisateur _ _ _ _ _ _ _ _ _ _ _ _ _ _ _ _ _ _ _

Mot de passe _

Email associé _

Question & réponse sécrètes _ _ _ _ _ _ _ _ _ _ _ _ _

_ _

_ _

_ _

G

Site _

Nom d'utilisateur _ _ _ _ _ _ _ _ _ _ _ _ _ _ _ _ _

Mot de passe _ _ _ _ _ _ _ _ _ _ _ _ _ _ _ _ _ _

Email associé _ _ _ _ _ _ _ _ _ _ _ _ _ _ _ _ _

Question & réponse sécrètes _ _ _ _ _ _ _ _ _ _

_ _

_ _

_ _

Site _

Nom d'utilisateur _ _ _ _ _ _ _ _ _ _ _ _ _ _ _ _ _

Mot de passe _ _ _ _ _ _ _ _ _ _ _ _ _ _ _ _ _ _

Email associé _ _ _ _ _ _ _ _ _ _ _ _ _ _ _ _ _

Question & réponse sécrètes _ _ _ _ _ _ _ _ _ _

_ _

_ _

_ _

G

Site _

Nom d'utilisateur _

Mot de passe _

Email associé _

Question & réponse sécrètes _ _ _ _ _ _ _ _ _ _ _ _

_ _

_ _

_ _

Site _

Nom d'utilisateur _

Mot de passe _

Email associé _ _ _ _ _ _ _ _ _ _ _ _ _ _ _ _ _ _ _

Question & réponse sécrètes _ _ _ _ _ _ _ _ _ _ _ _

_ _

_ _

_ _

G

Site _

Nom d'utilisateur _ _ _ _ _ _ _ _ _ _ _ _ _ _ _ _ _

Mot de passe _ _ _ _ _ _ _ _ _ _ _ _ _ _ _ _ _ _ _

Email associé _ _ _ _ _ _ _ _ _ _ _ _ _ _ _ _ _ _

Question & réponse sécrètes _ _ _ _ _ _ _ _ _ _ _

_ _

_ _

_ _

Site _

Nom d'utilisateur _ _ _ _ _ _ _ _ _ _ _ _ _ _ _ _ _

Mot de passe _ _ _ _ _ _ _ _ _ _ _ _ _ _ _ _ _ _ _

Email associé _ _ _ _ _ _ _ _ _ _ _ _ _ _ _ _ _ _

Question & réponse sécrètes _ _ _ _ _ _ _ _ _ _ _

_ _

_ _

_ _

H

Site _

Nom d'utilisateur _ _ _ _ _ _ _ _ _ _ _ _ _ _ _ _ _ _

Mot de passe _ _ _ _ _ _ _ _ _ _ _ _ _ _ _ _ _ _ _

Email associé _ _ _ _ _ _ _ _ _ _ _ _ _ _ _ _ _ _

Question & réponse sécrètes _ _ _ _ _ _ _ _ _ _ _ _

_ _

_ _

_ _

Site _

Nom d'utilisateur _ _ _ _ _ _ _ _ _ _ _ _ _ _ _ _ _ _

Mot de passe _ _ _ _ _ _ _ _ _ _ _ _ _ _ _ _ _ _ _

Email associé _ _ _ _ _ _ _ _ _ _ _ _ _ _ _ _ _ _

Question & réponse sécrètes _ _ _ _ _ _ _ _ _ _ _ _

_ _

_ _

_ _

H

Site _

Nom d'utilisateur _ _ _ _ _ _ _ _ _ _ _ _ _ _ _ _ _ _

Mot de passe _

Email associé _ _ _ _ _ _ _ _ _ _ _ _ _ _ _ _ _ _

Question & réponse sécrètes _ _ _ _ _ _ _ _ _ _ _ _

_ _

_ _

_ _

Site _

Nom d'utilisateur _ _ _ _ _ _ _ _ _ _ _ _ _ _ _ _ _ _

Mot de passe _

Email associé _ _ _ _ _ _ _ _ _ _ _ _ _ _ _ _ _ _

Question & réponse sécrètes _ _ _ _ _ _ _ _ _ _ _ _

_ _

_ _

_ _

H

Site _

Nom d'utilisateur _ _ _ _ _ _ _ _ _ _ _ _ _ _ _ _ _ _ _

Mot de passe _

Email associé _ _ _ _ _ _ _ _ _ _ _ _ _ _ _ _ _ _ _

Question & réponse sécrètes _ _ _ _ _ _ _ _ _ _ _

_ _

_ _

_ _

Site _

Nom d'utilisateur _ _ _ _ _ _ _ _ _ _ _ _ _ _ _ _ _ _

Mot de passe _ _ _ _ _ _ _ _ _ _ _ _ _ _ _ _ _ _ _

Email associé _ _ _ _ _ _ _ _ _ _ _ _ _ _ _ _ _ _ _

Question & réponse sécrètes _ _ _ _ _ _ _ _ _ _ _

_ _

_ _

_ _

H

Site _

Nom d'utilisateur _

Mot de passe _

Email associé _

Question & réponse sécrètes _ _ _ _ _ _ _ _ _ _ _ _ _ _

_ _

_ _

_ _

Site _

Nom d'utilisateur _

Mot de passe _

Email associé _

Question & réponse sécrètes _ _ _ _ _ _ _ _ _ _ _ _ _ _

_ _

_ _

_ _

I

Site _

Nom d'utilisateur _

Mot de passe _

Email associé _

Question & réponse sécrètes _ _ _ _ _ _ _ _ _ _ _ _ _ _

_ _

_ _

_ _

Site _

Nom d'utilisateur _

Mot de passe _

Email associé _

Question & réponse sécrètes _ _ _ _ _ _ _ _ _ _ _ _ _ _

_ _

_ _

_ _

I

Site _ _ _ _ _ _ _ _ _ _ _ _ _ _ _ _ _

Nom d'utilisateur _ _ _ _ _ _ _ _ _ _ _ _ _

Mot de passe _ _ _ _ _ _ _ _ _ _ _ _ _ _

Email associé _ _ _ _ _ _ _ _ _ _ _ _ _

Question & réponse sécrètes _ _ _ _ _ _ _ _

_ _ _ _ _ _ _ _ _ _ _ _ _ _ _ _ _ _

_ _ _ _ _ _ _ _ _ _ _ _ _ _ _ _ _ _

_ _ _ _ _ _ _ _ _ _ _ _ _ _ _ _ _ _

Site _ _ _ _ _ _ _ _ _ _ _ _ _ _ _ _ _

Nom d'utilisateur _ _ _ _ _ _ _ _ _ _ _ _ _

Mot de passe _ _ _ _ _ _ _ _ _ _ _ _ _ _

Email associé _ _ _ _ _ _ _ _ _ _ _ _ _

Question & réponse sécrètes _ _ _ _ _ _ _ _

_ _ _ _ _ _ _ _ _ _ _ _ _ _ _ _ _ _

_ _ _ _ _ _ _ _ _ _ _ _ _ _ _ _ _ _

_ _ _ _ _ _ _ _ _ _ _ _ _ _ _ _ _ _

I

Site _

Nom d'utilisateur _

Mot de passe _

Email associé _

Question & réponse şécrètes _ _ _ _ _ _ _ _ _ _ _ _ _

_ _

_ _

_ _

Site _

Nom d'utilisateur _

Mot de passe _

Email associé _

Question & réponse sécrètes _ _ _ _ _ _ _ _ _ _ _ _ _

_ _

_ _

_ _

Site _

Nom d'utilisateur _

Mot de passe _

Email associé _

Question & réponse sécrètes _ _ _ _ _ _ _ _ _ _ _ _ _ _ _ _ _

_ _

_ _

_ _

Site _

Nom d'utilisateur _

Mot de passe _

Email associé _

Question & réponse sécrètes _ _ _ _ _ _ _ _ _ _ _ _ _ _ _ _ _

_ _

_ _

_ _

J

Site _

Nom d'utilisateur _

Mot de passe _

Email associé _

Question & réponse sécrètes _ _ _ _ _ _ _ _ _ _ _ _ _

_ _

_ _

_ _

Site _

Nom d'utilisateur _

Mot de passe _

Email associé _

Question & réponse sécrètes _ _ _ _ _ _ _ _ _ _ _ _ _

_ _

_ _

_ _

J

Site _

Nom d'utilisateur _ _ _ _ _ _ _ _ _ _ _ _ _ _ _ _ _ _

Mot de passe _

Email associé _ _ _ _ _ _ _ _ _ _ _ _ _ _ _ _ _ _ _

Question & réponse sécrètes _ _ _ _ _ _ _ _ _ _ _ _

_ _

_ _

_ _

Site _

Nom d'utilisateur _ _ _ _ _ _ _ _ _ _ _ _ _ _ _ _ _ _

Mot de passe _

Email associé _ _ _ _ _ _ _ _ _ _ _ _ _ _ _ _ _ _ _

Question & réponse sécrètes _ _ _ _ _ _ _ _ _ _ _ _

_ _

_ _

_ _

J

Site _

Nom d'utilisateur _

Mot de passe _

Email associé _

Question & réponse sécrètes _ _ _ _ _ _ _ _ _ _ _ _ _ _ _

_ _

_ _

_ _

Site _

Nom d'utilisateur _

Mot de passe _

Email associé _

Question & réponse sécrètes _ _ _ _ _ _ _ _ _ _ _ _ _ _ _

_ _

_ _

_ _

J

Site _____

Nom d'utilisateur _____

Mot de passe _____

Email associé _____

Question & réponse sécrètes _____

_____

_____

_____

Site _____

Nom d'utilisateur _____

Mot de passe _____

Email associé _____

Question & réponse sécrètes _____

_____

_____

_____

K

Site _

Nom d'utilisateur _

Mot de passe _

Email associé _

Question & réponse sécrètes _ _ _ _ _ _ _ _ _ _ _ _ _

_ _

_ _

_ _

Site _

Nom d'utilisateur _

Mot de passe _

Email associé _

Question & réponse sécrètes _ _ _ _ _ _ _ _ _ _ _ _ _

_ _

_ _

_ _

K

Site _

Nom d'utilisateur _ _ _ _ _ _ _ _ _ _ _ _ _ _ _ _ _

Mot de passe _ _ _ _ _ _ _ _ _ _ _ _ _ _ _ _ _ _

Email associé _ _ _ _ _ _ _ _ _ _ _ _ _ _ _ _

Question & réponse sécrètes _ _ _ _ _ _ _ _ _ _ _

_ _

_ _

_ _

Site _

Nom d'utilisateur _ _ _ _ _ _ _ _ _ _ _ _ _ _ _ _

Mot de passe _ _ _ _ _ _ _ _ _ _ _ _ _ _ _ _ _

Email associé _ _ _ _ _ _ _ _ _ _ _ _ _ _ _ _

Question & réponse sécrètes _ _ _ _ _ _ _ _ _ _ _

_ _

_ _

_ _

K

Site _

Nom d'utilisateur _ _ _ _ _ _ _ _ _ _ _ _ _ _ _ _ _ _

Mot de passe _ _ _ _ _ _ _ _ _ _ _ _ _ _ _ _ _ _ _

Email associé _ _ _ _ _ _ _ _ _ _ _ _ _ _ _ _ _ _

Question & réponse sécrètes _ _ _ _ _ _ _ _ _ _ _

_ _

_ _

_ _

Site _

Nom d'utilisateur _ _ _ _ _ _ _ _ _ _ _ _ _ _ _ _ _

Mot de passe _ _ _ _ _ _ _ _ _ _ _ _ _ _ _ _ _ _ _

Email associé _ _ _ _ _ _ _ _ _ _ _ _ _ _ _ _ _ _

Question & réponse sécrètes _ _ _ _ _ _ _ _ _ _ _

_ _

_ _

_ _

K

Site _

Nom d'utilisateur _ _ _ _ _ _ _ _ _ _ _ _ _ _ _ _ _ _

Mot de passe _

Email associé _ _ _ _ _ _ _ _ _ _ _ _ _ _ _ _ _ _ _

Question & réponse sécrètes _ _ _ _ _ _ _ _ _ _ _ _

_ _

_ _

_ _

Site _

Nom d'utilisateur _ _ _ _ _ _ _ _ _ _ _ _ _ _ _ _ _ _

Mot de passe _

Email associé _ _ _ _ _ _ _ _ _ _ _ _ _ _ _ _ _ _ _

Question & réponse sécrètes _ _ _ _ _ _ _ _ _ _ _ _

_ _

_ _

_ _

L

Site _

Nom d'utilisateur _ _ _ _ _ _ _ _ _ _ _ _ _ _ _ _ _

Mot de passe _ _ _ _ _ _ _ _ _ _ _ _ _ _ _ _ _ _

Email associé _ _ _ _ _ _ _ _ _ _ _ _ _ _ _ _

Question & réponse sécrètes _ _ _ _ _ _ _ _ _ _ _

_ _

_ _

_ _

Site _

Nom d'utilisateur _ _ _ _ _ _ _ _ _ _ _ _ _ _ _ _

Mot de passe _ _ _ _ _ _ _ _ _ _ _ _ _ _ _ _ _

Email associé _ _ _ _ _ _ _ _ _ _ _ _ _ _ _ _

Question & réponse sécrètes _ _ _ _ _ _ _ _ _ _ _

_ _

_ _

_ _

L

Site _

Nom d'utilisateur _ _ _ _ _ _ _ _ _ _ _ _ _ _ _ _ _ _

Mot de passe _ _ _ _ _ _ _ _ _ _ _ _ _ _ _ _ _

Email associé _ _ _ _ _ _ _ _ _ _ _ _ _ _ _ _

Question & réponse sécrètes _ _ _ _ _ _ _ _ _ _

_ _

_ _

_ _

Site _

Nom d'utilisateur _ _ _ _ _ _ _ _ _ _ _ _ _ _ _ _ _

Mot de passe _ _ _ _ _ _ _ _ _ _ _ _ _ _ _ _ _

Email associé _ _ _ _ _ _ _ _ _ _ _ _ _ _ _ _

Question & réponse sécrètes _ _ _ _ _ _ _ _ _ _

_ _

_ _

_ _

L

Site _

Nom d'utilisateur _ _ _ _ _ _ _ _ _ _ _ _ _ _ _ _ _ _

Mot de passe _ _ _ _ _ _ _ _ _ _ _ _ _ _ _ _ _ _ _

Email associé _ _ _ _ _ _ _ _ _ _ _ _ _ _ _ _ _ _

Question & réponse sécrètes _ _ _ _ _ _ _ _ _ _ _

_ _

_ _

_ _

Site _

Nom d'utilisateur _ _ _ _ _ _ _ _ _ _ _ _ _ _ _ _ _

Mot de passe _ _ _ _ _ _ _ _ _ _ _ _ _ _ _ _ _ _ _

Email associé _ _ _ _ _ _ _ _ _ _ _ _ _ _ _ _ _ _

Question & réponse sécrètes _ _ _ _ _ _ _ _ _ _ _

_ _

_ _

_ _

L

Site _

Nom d'utilisateur _ _ _ _ _ _ _ _ _ _ _ _ _ _ _ _ _ _

Mot de passe _ _ _ _ _ _ _ _ _ _ _ _ _ _ _ _ _ _ _

Email associé _ _ _ _ _ _ _ _ _ _ _ _ _ _ _ _ _ _

Question & réponse sécrètes _ _ _ _ _ _ _ _ _ _ _ _

_ _

_ _

_ _

Site _

Nom d'utilisateur _ _ _ _ _ _ _ _ _ _ _ _ _ _ _ _ _ _

Mot de passe _ _ _ _ _ _ _ _ _ _ _ _ _ _ _ _ _ _ _

Email associé _ _ _ _ _ _ _ _ _ _ _ _ _ _ _ _ _ _

Question & réponse sécrètes _ _ _ _ _ _ _ _ _ _ _ _

_ _

_ _

_ _

M

Site _

Nom d'utilisateur _ _ _ _ _ _ _ _ _ _ _ _ _ _ _ _ _ _ _

Mot de passe _

Email associé _ _ _ _ _ _ _ _ _ _ _ _ _ _ _ _ _ _ _

Question & réponse sécrètes _ _ _ _ _ _ _ _ _ _ _ _

_ _

_ _

_ _

Site _

Nom d'utilisateur _ _ _ _ _ _ _ _ _ _ _ _ _ _ _ _ _ _ _

Mot de passe _

Email associé _ _ _ _ _ _ _ _ _ _ _ _ _ _ _ _ _ _ _

Question & réponse sécrètes _ _ _ _ _ _ _ _ _ _ _ _

_ _

_ _

_ _

M

Site _

Nom d'utilisateur _

Mot de passe _

Email associé _

Question & réponse sécrètes _ _ _ _ _ _ _ _ _ _ _ _ _ _

_ _

_ _

_ _

Site _

Nom d'utilisateur _

Mot de passe _

Email associé _

Question & réponse sécrètes _ _ _ _ _ _ _ _ _ _ _ _ _ _

_ _

_ _

_ _

M

Site _

Nom d'utilisateur _

Mot de passe _

Email associé _

Question & réponse sécrètes _ _ _ _ _ _ _ _ _ _ _ _ _ _

_ _

_ _

_ _

Site _

Nom d'utilisateur _

Mot de passe _

Email associé _

Question & réponse sécrètes _ _ _ _ _ _ _ _ _ _ _ _ _ _

_ _

_ _

_ _

M

Site _

Nom d'utilisateur _ _ _ _ _ _ _ _ _ _ _ _ _ _ _ _ _

Mot de passe _ _ _ _ _ _ _ _ _ _ _ _ _ _ _ _ _ _ _

Email associé _ _ _ _ _ _ _ _ _ _ _ _ _ _ _ _ _ _

Question & réponse sécrètes _ _ _ _ _ _ _ _ _ _ _

_ _

_ _

_ _

Site _

Nom d'utilisateur _ _ _ _ _ _ _ _ _ _ _ _ _ _ _ _ _

Mot de passe _ _ _ _ _ _ _ _ _ _ _ _ _ _ _ _ _ _ _

Email associé _ _ _ _ _ _ _ _ _ _ _ _ _ _ _ _ _ _

Question & réponse sécrètes _ _ _ _ _ _ _ _ _ _ _

_ _

_ _

_ _

N

Site _

Nom d'utilisateur _

Mot de passe _

Email associé _

Question & réponse sécrètes _ _ _ _ _ _ _ _ _ _ _ _ _

_ _

_ _

_ _

Site _

Nom d'utilisateur _

Mot de passe _

Email associé _

Question & réponse sécrètes _ _ _ _ _ _ _ _ _ _ _ _ _

_ _

_ _

_ _

N

Site _

Nom d'utilisateur _ _ _ _ _ _ _ _ _ _ _ _ _ _ _ _ _ _

Mot de passe _

Email associé _ _ _ _ _ _ _ _ _ _ _ _ _ _ _ _ _ _ _

Question & réponse sécrètes _ _ _ _ _ _ _ _ _ _ _

_ _

_ _

_ _

Site _

Nom d'utilisateur _ _ _ _ _ _ _ _ _ _ _ _ _ _ _ _ _ _

Mot de passe _

Email associé _ _ _ _ _ _ _ _ _ _ _ _ _ _ _ _ _ _ _

Question & réponse sécrètes _ _ _ _ _ _ _ _ _ _ _

_ _

_ _

_ _

N

Site _

Nom d'utilisateur _ _ _ _ _ _ _ _ _ _ _ _ _ _ _ _ _ _ _

Mot de passe _

Email associé _

Question & réponse sécrètes _ _ _ _ _ _ _ _ _ _ _ _ _

_ _

_ _

_ _

Site _

Nom d'utilisateur _ _ _ _ _ _ _ _ _ _ _ _ _ _ _ _ _ _ _

Mot de passe _

Email associé _

Question & réponse sécrètes _ _ _ _ _ _ _ _ _ _ _ _ _

_ _

_ _

_ _

N

Site _

Nom d'utilisateur _ _ _ _ _ _ _ _ _ _ _ _ _ _ _ _ _ _ _

Mot de passe _

Email associé _ _ _ _ _ _ _ _ _ _ _ _ _ _ _ _ _ _ _

Question & réponse sécrètes _ _ _ _ _ _ _ _ _ _ _ _

_ _

_ _

_ _

Site _

Nom d'utilisateur _ _ _ _ _ _ _ _ _ _ _ _ _ _ _ _ _ _ _

Mot de passe _

Email associé _ _ _ _ _ _ _ _ _ _ _ _ _ _ _ _ _ _ _

Question & réponse sécrètes _ _ _ _ _ _ _ _ _ _ _ _

_ _

_ _

_ _

N

Site _

Nom d'utilisateur _ _ _ _ _ _ _ _ _ _ _ _ _ _ _ _ _

Mot de passe _ _ _ _ _ _ _ _ _ _ _ _ _ _ _ _ _

Email associé _ _ _ _ _ _ _ _ _ _ _ _ _ _ _ _

Question & réponse sécrètes _ _ _ _ _ _ _ _ _ _ _

_ _

_ _

_ _

Site _

Nom d'utilisateur _ _ _ _ _ _ _ _ _ _ _ _ _ _ _ _

Mot de passe _ _ _ _ _ _ _ _ _ _ _ _ _ _ _ _ _

Email associé _ _ _ _ _ _ _ _ _ _ _ _ _ _ _ _

Question & réponse sécrètes _ _ _ _ _ _ _ _ _ _

_ _

_ _

_ _

N

Site _

Nom d'utilisateur _

Mot de passe _

Email associé _

Question & réponse sécrètes _ _ _ _ _ _ _ _ _ _ _ _ _ _ _

_ _

_ _

_ _

Site _

Nom d'utilisateur _

Mot de passe _

Email associé _

Question & réponse sécrètes _ _ _ _ _ _ _ _ _ _ _ _ _ _ _

_ _

_ _

_ _

O

Site _

Nom d'utilisateur _ _ _ _ _ _ _ _ _ _ _ _ _ _ _ _ _ _ _

Mot de passe _

Email associé _

Question & réponse sécrètes _ _ _ _ _ _ _ _ _ _ _ _ _ _

_ _

_ _

_ _

Site _

Nom d'utilisateur _ _ _ _ _ _ _ _ _ _ _ _ _ _ _ _ _ _ _

Mot de passe _

Email associé _

Question & réponse sécrètes _ _ _ _ _ _ _ _ _ _ _ _ _ _

_ _

_ _

_ _

O

Site _ _ _ _ _ _ _ _ _ _ _ _ _ _ _ _ _ _

Nom d'utilisateur _ _ _ _ _ _ _ _ _ _ _ _ _ _

Mot de passe _ _ _ _ _ _ _ _ _ _ _ _ _ _ _

Email associé _ _ _ _ _ _ _ _ _ _ _ _ _

Question & réponse sécrètes _ _ _ _ _ _ _ _ _ _

_ _ _ _ _ _ _ _ _ _ _ _ _ _ _ _ _ _ _ _

_ _ _ _ _ _ _ _ _ _ _ _ _ _ _ _ _ _ _ _

_ _ _ _ _ _ _ _ _ _ _ _ _ _ _ _ _ _ _ _

Site _ _ _ _ _ _ _ _ _ _ _ _ _ _ _ _ _ _

Nom d'utilisateur _ _ _ _ _ _ _ _ _ _ _ _ _ _

Mot de passe _ _ _ _ _ _ _ _ _ _ _ _ _ _ _

Email associé _ _ _ _ _ _ _ _ _ _ _ _ _

Question & réponse sécrètes _ _ _ _ _ _ _ _ _ _

_ _ _ _ _ _ _ _ _ _ _ _ _ _ _ _ _ _ _ _

_ _ _ _ _ _ _ _ _ _ _ _ _ _ _ _ _ _ _ _

_ _ _ _ _ _ _ _ _ _ _ _ _ _ _ _ _ _ _ _

O

Site _

Nom d'utilisateur _ _ _ _ _ _ _ _ _ _ _ _ _ _ _ _ _ _

Mot de passe _ _ _ _ _ _ _ _ _ _ _ _ _ _ _ _ _ _ _

Email associé _ _ _ _ _ _ _ _ _ _ _ _ _ _ _ _ _ _

Question & réponse sécrètes _ _ _ _ _ _ _ _ _ _

_ _

_ _

_ _

Site _

Nom d'utilisateur _ _ _ _ _ _ _ _ _ _ _ _ _ _ _ _ _ _

Mot de passe _ _ _ _ _ _ _ _ _ _ _ _ _ _ _ _ _ _ _

Email associé _ _ _ _ _ _ _ _ _ _ _ _ _ _ _ _ _ _

Question & réponse sécrètes _ _ _ _ _ _ _ _ _ _

_ _

_ _

_ _

O

Site _

Nom d'utilisateur _ _ _ _ _ _ _ _ _ _ _ _ _ _ _ _ _ _ _

Mot de passe _

Email associé _ _ _ _ _ _ _ _ _ _ _ _ _ _ _ _ _ _ _

Question & réponse sécrètes _ _ _ _ _ _ _ _ _ _ _ _ _

_ _

_ _

_ _

Site _

Nom d'utilisateur _ _ _ _ _ _ _ _ _ _ _ _ _ _ _ _ _ _ _

Mot de passe _

Email associé _ _ _ _ _ _ _ _ _ _ _ _ _ _ _ _ _ _ _

Question & réponse sécrètes _ _ _ _ _ _ _ _ _ _ _ _ _

_ _

_ _

_ _

O

Site _

Nom d'utilisateur _ _ _ _ _ _ _ _ _ _ _ _ _ _ _ _ _ _

Mot de passe _ _ _ _ _ _ _ _ _ _ _ _ _ _ _ _ _ _ _

Email associé _ _ _ _ _ _ _ _ _ _ _ _ _ _ _ _ _ _

Question & réponse sécrètes _ _ _ _ _ _ _ _ _ _ _

_ _

_ _

_ _

Site _

Nom d'utilisateur _ _ _ _ _ _ _ _ _ _ _ _ _ _ _ _ _ _

Mot de passe _ _ _ _ _ _ _ _ _ _ _ _ _ _ _ _ _ _ _

Email associé _ _ _ _ _ _ _ _ _ _ _ _ _ _ _ _ _ _

Question & réponse sécrètes _ _ _ _ _ _ _ _ _ _ _

_ _

_ _

_ _

O

Site _

Nom d'utilisateur _

Mot de passe _

Email associé _ _ _ _ _ _ _ _ _ _ _ _ _ _ _ _ _ _ _

Question & réponse sécrètes _ _ _ _ _ _ _ _ _ _ _ _ _

_ _

_ _

_ _

Site _

Nom d'utilisateur _

Mot de passe _

Email associé _ _ _ _ _ _ _ _ _ _ _ _ _ _ _ _ _ _ _

Question & réponse sécrètes _ _ _ _ _ _ _ _ _ _ _ _ _

_ _

_ _

_ _

P

Site _

Nom d'utilisateur _

Mot de passe _

Email associé _ _ _ _ _ _ _ _ _ _ _ _ _ _ _ _ _ _ _

Question & réponse sécrètes _ _ _ _ _ _ _ _ _ _ _ _

_ _

_ _

_ _

Site _

Nom d'utilisateur _

Mot de passe _

Email associé _ _ _ _ _ _ _ _ _ _ _ _ _ _ _ _ _ _ _

Question & réponse sécrètes _ _ _ _ _ _ _ _ _ _ _ _

_ _

_ _

_ _

P

Site _

Nom d'utilisateur _ _ _ _ _ _ _ _ _ _ _ _ _ _ _ _ _

Mot de passe _ _ _ _ _ _ _ _ _ _ _ _ _ _ _ _ _ _

Email associé _ _ _ _ _ _ _ _ _ _ _ _ _ _ _ _ _

Question & réponse sécrètes _ _ _ _ _ _ _ _ _ _

_ _

_ _

_ _

Site _

Nom d'utilisateur _ _ _ _ _ _ _ _ _ _ _ _ _ _ _ _ _

Mot de passe _ _ _ _ _ _ _ _ _ _ _ _ _ _ _ _ _ _

Email associé _ _ _ _ _ _ _ _ _ _ _ _ _ _ _ _ _

Question & réponse sécrètes _ _ _ _ _ _ _ _ _ _

_ _

_ _

_ _

P

Site _

Nom d'utilisateur _ _ _ _ _ _ _ _ _ _ _ _ _ _ _ _ _ _ _

Mot de passe _

Email associé _ _ _ _ _ _ _ _ _ _ _ _ _ _ _ _ _ _ _

Question & réponse sécrètes _ _ _ _ _ _ _ _ _ _ _ _

_ _

_ _

_ _

Site _

Nom d'utilisateur _ _ _ _ _ _ _ _ _ _ _ _ _ _ _ _ _ _ _

Mot de passe _

Email associé _ _ _ _ _ _ _ _ _ _ _ _ _ _ _ _ _ _ _

Question & réponse sécrètes _ _ _ _ _ _ _ _ _ _ _ _

_ _

_ _

_ _

P

Site _

Nom d'utilisateur _

Mot de passe _

Email associé _

Question & réponse sécrètes _ _ _ _ _ _ _ _ _ _ _ _ _

_ _

_ _

_ _

Site _

Nom d'utilisateur _

Mot de passe _

Email associé _

Question & réponse sécrètes _ _ _ _ _ _ _ _ _ _ _ _ _

_ _

_ _

_ _

P

Site _

Nom d'utilisateur _ _ _ _ _ _ _ _ _ _ _ _ _ _ _ _ _ _

Mot de passe _ _ _ _ _ _ _ _ _ _ _ _ _ _ _ _ _ _

Email associé _ _ _ _ _ _ _ _ _ _ _ _ _ _ _ _ _

Question & réponse sécrètes _ _ _ _ _ _ _ _ _ _ _

_ _

_ _

_ _

Site _

Nom d'utilisateur _ _ _ _ _ _ _ _ _ _ _ _ _ _ _ _ _

Mot de passe _ _ _ _ _ _ _ _ _ _ _ _ _ _ _ _ _ _

Email associé _ _ _ _ _ _ _ _ _ _ _ _ _ _ _ _ _

Question & réponse sécrètes _ _ _ _ _ _ _ _ _ _ _

_ _

_ _

_ _

P

Site _

Nom d'utilisateur _

Mot de passe _

Email associé _

Question & réponse sécrètes _ _ _ _ _ _ _ _ _ _ _ _ _ _

_ _

_ _

_ _

Site _

Nom d'utilisateur _

Mot de passe _

Email associé _

Question & réponse sécrètes _ _ _ _ _ _ _ _ _ _ _ _ _ _ _

_ _

_ _

_ _

Q

Site _

Nom d'utilisateur _

Mot de passe _

Email associé _

Question & réponse sécrètes _ _ _ _ _ _ _ _ _ _ _ _ _ _

_ _

_ _

_ _

Site _

Nom d'utilisateur _

Mot de passe _

Email associé _

Question & réponse sécrètes _ _ _ _ _ _ _ _ _ _ _ _ _ _

_ _

_ _

_ _

Q

Site _

Nom d'utilisateur _ _ _ _ _ _ _ _ _ _ _ _ _ _ _ _ _

Mot de passe _ _ _ _ _ _ _ _ _ _ _ _ _ _ _ _ _ _ _

Email associé _ _ _ _ _ _ _ _ _ _ _ _ _ _ _ _ _ _

Question & réponse sécrètes _ _ _ _ _ _ _ _ _ _ _

_ _

_ _

_ _

Site _

Nom d'utilisateur _ _ _ _ _ _ _ _ _ _ _ _ _ _ _ _ _

Mot de passe _ _ _ _ _ _ _ _ _ _ _ _ _ _ _ _ _ _ _

Email associé _ _ _ _ _ _ _ _ _ _ _ _ _ _ _ _ _ _

Question & réponse sécrètes _ _ _ _ _ _ _ _ _ _ _

_ _

_ _

_ _

Q

Site _

Nom d'utilisateur _ _ _ _ _ _ _ _ _ _ _ _ _ _ _ _ _ _ _

Mot de passe _

Email associé _ _ _ _ _ _ _ _ _ _ _ _ _ _ _ _ _ _ _

Question & réponse sécrètes _ _ _ _ _ _ _ _ _ _ _ _ _

_ _

_ _

_ _

Site _

Nom d'utilisateur _ _ _ _ _ _ _ _ _ _ _ _ _ _ _ _ _ _ _

Mot de passe _

Email associé _ _ _ _ _ _ _ _ _ _ _ _ _ _ _ _ _ _ _

Question & réponse sécrètes _ _ _ _ _ _ _ _ _ _ _ _ _

_ _

_ _

_ _

Q

Site _

Nom d'utilisateur _ _ _ _ _ _ _ _ _ _ _ _ _ _ _ _ _ _ _

Mot de passe _

Email associé _

Question & réponse sécrètes _ _ _ _ _ _ _ _ _ _ _ _ _

_ _

_ _

_ _

Site _

Nom d'utilisateur _ _ _ _ _ _ _ _ _ _ _ _ _ _ _ _ _ _ _

Mot de passe _

Email associé _

Question & réponse sécrètes _ _ _ _ _ _ _ _ _ _ _ _ _

_ _

_ _

_ _

R

Site _

Nom d'utilisateur _

Mot de passe _

Email associé _

Question & réponse sécrètes _ _ _ _ _ _ _ _ _ _ _ _ _

_ _

_ _

_ _

Site _

Nom d'utilisateur _

Mot de passe _

Email associé _

Question & réponse sécrètes _ _ _ _ _ _ _ _ _ _ _ _ _

_ _

_ _

_ _

R

Site _

Nom d'utilisateur _ _ _ _ _ _ _ _ _ _ _ _ _ _ _ _ _

Mot de passe _ _ _ _ _ _ _ _ _ _ _ _ _ _ _ _ _ _ _

Email associé _ _ _ _ _ _ _ _ _ _ _ _ _ _ _ _ _ _

Question & réponse sécrètes _ _ _ _ _ _ _ _ _ _

_ _

_ _

_ _

Site _

Nom d'utilisateur _ _ _ _ _ _ _ _ _ _ _ _ _ _ _ _ _

Mot de passe _ _ _ _ _ _ _ _ _ _ _ _ _ _ _ _ _ _ _

Email associé _ _ _ _ _ _ _ _ _ _ _ _ _ _ _ _ _ _

Question & réponse sécrètes _ _ _ _ _ _ _ _ _ _

_ _

_ _

_ _

R

Site _

Nom d'utilisateur _ _ _ _ _ _ _ _ _ _ _ _ _ _ _ _ _ _

Mot de passe _ _ _ _ _ _ _ _ _ _ _ _ _ _ _ _ _ _ _

Email associé _ _ _ _ _ _ _ _ _ _ _ _ _ _ _ _ _ _ _

Question & réponse sécrètes _ _ _ _ _ _ _ _ _ _ _

_ _

_ _

_ _

Site _

Nom d'utilisateur _ _ _ _ _ _ _ _ _ _ _ _ _ _ _ _ _ _

Mot de passe _ _ _ _ _ _ _ _ _ _ _ _ _ _ _ _ _ _ _

Email associé _ _ _ _ _ _ _ _ _ _ _ _ _ _ _ _ _ _ _

Question & réponse sécrètes _ _ _ _ _ _ _ _ _ _ _

_ _

_ _

_ _

R

Site

Nom d'utilisateur

Mot de passe

Email associé

Question & réponse sécrètes

Site

Nom d'utilisateur

Mot de passe

Email associé

Question & réponse sécrètes

S

Site _

Nom d'utilisateur _ _ _ _ _ _ _ _ _ _ _ _ _ _ _ _ _ _ _

Mot de passe _

Email associé _

Question & réponse sécrètes _ _ _ _ _ _ _ _ _ _ _ _

_ _

_ _

_ _

Site _

Nom d'utilisateur _ _ _ _ _ _ _ _ _ _ _ _ _ _ _ _ _ _ _

Mot de passe _

Email associé _

Question & réponse sécrètes _ _ _ _ _ _ _ _ _ _ _ _

_ _

_ _

_ _

S

Site _

Nom d'utilisateur _

Mot de passe _

Email associé _ _ _ _ _ _ _ _ _ _ _ _ _ _ _ _ _ _ _

Question & réponse sécrètes _ _ _ _ _ _ _ _ _ _ _

_ _

_ _

_ _

Site _

Nom d'utilisateur _

Mot de passe _

Email associé _ _ _ _ _ _ _ _ _ _ _ _ _ _ _ _ _ _ _

Question & réponse sécrètes _ _ _ _ _ _ _ _ _ _ _

_ _

_ _

_ _

S

Site _

Nom d'utilisateur _

Mot de passe _

Email associé _

Question & réponse sécrètes _ _ _ _ _ _ _ _ _ _ _ _ _ _ _

_ _

_ _

_ _

Site _

Nom d'utilisateur _

Mot de passe _

Email associé _

Question & réponse sécrètes _ _ _ _ _ _ _ _ _ _ _ _ _ _ _

_ _

_ _

_ _

S

Site _

Nom d'utilisateur _

Mot de passe _

Email associé _

Question & réponse sécrètes _ _ _ _ _ _ _ _ _ _ _ _

_ _

_ _

_ _

Site _

Nom d'utilisateur _

Mot de passe _

Email associé _

Question & réponse sécrètes _ _ _ _ _ _ _ _ _ _ _ _

_ _

_ _

_ _

T

Site _

Nom d'utilisateur _ _ _ _ _ _ _ _ _ _ _ _ _ _ _ _ _ _

Mot de passe _

Email associé _ _ _ _ _ _ _ _ _ _ _ _ _ _ _ _ _ _ _

Question & réponse sécrètes _ _ _ _ _ _ _ _ _ _ _

_ _

_ _

_ _

Site _

Nom d'utilisateur _ _ _ _ _ _ _ _ _ _ _ _ _ _ _ _ _

Mot de passe _ _ _ _ _ _ _ _ _ _ _ _ _ _ _ _ _ _ _

Email associé _ _ _ _ _ _ _ _ _ _ _ _ _ _ _ _ _ _ _

Question & réponse sécrètes _ _ _ _ _ _ _ _ _ _ _

_ _

_ _

_ _

T

Site _

Nom d'utilisateur _ _ _ _ _ _ _ _ _ _ _ _ _ _ _ _ _ _

Mot de passe _

Email associé _ _ _ _ _ _ _ _ _ _ _ _ _ _ _ _ _ _

Question & réponse sécrètes _ _ _ _ _ _ _ _ _ _ _

_ _

_ _

_ _

Site _

Nom d'utilisateur _ _ _ _ _ _ _ _ _ _ _ _ _ _ _ _ _ _

Mot de passe _

Email associé _ _ _ _ _ _ _ _ _ _ _ _ _ _ _ _ _ _

Question & réponse sécrètes _ _ _ _ _ _ _ _ _ _ _

_ _

_ _

_ _

T

Site _

Nom d'utilisateur _

Mot de passe _

Email associé _

Question & réponse sécrètes _ _ _ _ _ _ _ _ _ _ _ _ _ _ _

_ _

_ _

_ _

Site _

Nom d'utilisateur _

Mot de passe _

Email associé _

Question & réponse sécrètes _ _ _ _ _ _ _ _ _ _ _ _ _ _ _

_ _

_ _

_ _

Site _

Nom d'utilisateur _ _ _ _ _ _ _ _ _ _ _ _ _ _ _ _ _ _

Mot de passe _

Email associé _

Question & réponse sécrètes _ _ _ _ _ _ _ _ _ _ _ _

_ _

_ _

_ _

Site _

Nom d'utilisateur _ _ _ _ _ _ _ _ _ _ _ _ _ _ _ _ _ _

Mot de passe _

Email associé _

Question & réponse sécrètes _ _ _ _ _ _ _ _ _ _ _ _

_ _

_ _

_ _

U

Site _

Nom d'utilisateur _

Mot de passe _

Email associé _

Question & réponse sécrètes _ _ _ _ _ _ _ _ _ _ _ _ _ _

_ _

_ _

_ _

Site _

Nom d'utilisateur _

Mot de passe _

Email associé _

Question & réponse sécrètes _ _ _ _ _ _ _ _ _ _ _ _ _ _

_ _

_ _

_ _

U

Site _

Nom d'utilisateur _

Mot de passe _

Email associé _

Question & réponse sécrètes _ _ _ _ _ _ _ _ _ _ _ _ _

_ _

_ _

_ _

Site _

Nom d'utilisateur _

Mot de passe _

Email associé _

Question & réponse sécrètes _ _ _ _ _ _ _ _ _ _ _ _ _

_ _

_ _

_ _

U

Site _

Nom d'utilisateur _ _ _ _ _ _ _ _ _ _ _ _ _ _ _ _ _ _ _

Mot de passe _

Email associé _ _ _ _ _ _ _ _ _ _ _ _ _ _ _ _ _ _ _

Question & réponse sécrètes _ _ _ _ _ _ _ _ _ _ _ _

_ _

_ _

_ _

Site _

Nom d'utilisateur _ _ _ _ _ _ _ _ _ _ _ _ _ _ _ _ _ _ _

Mot de passe _

Email associé _ _ _ _ _ _ _ _ _ _ _ _ _ _ _ _ _ _ _

Question & réponse sécrètes _ _ _ _ _ _ _ _ _ _ _ _

_ _

_ _

_ _

U

Site _

Nom d'utilisateur _ _ _ _ _ _ _ _ _ _ _ _ _ _ _ _ _

Mot de passe _ _ _ _ _ _ _ _ _ _ _ _ _ _ _ _ _ _

Email associé _ _ _ _ _ _ _ _ _ _ _ _ _ _ _ _

Question & réponse sécrètes _ _ _ _ _ _ _ _ _ _ _

_ _

_ _

_ _

Site _

Nom d'utilisateur _ _ _ _ _ _ _ _ _ _ _ _ _ _ _ _ _

Mot dc passe _ _ _ _ _ _ _ _ _ _ _ _ _ _ _ _ _

Email associé _ _ _ _ _ _ _ _ _ _ _ _ _ _ _ _

Question & réponse sécrètes _ _ _ _ _ _ _ _ _ _

_ _

_ _

_ _

V

Site _

Nom d'utilisateur _ _ _ _ _ _ _ _ _ _ _ _ _ _ _ _ _ _

Mot de passe _

Email associé _ _ _ _ _ _ _ _ _ _ _ _ _ _ _ _ _ _ _

Question & réponse sécrètes _ _ _ _ _ _ _ _ _ _ _ _

_ _

_ _

_ _

Site _

Nom d'utilisateur _ _ _ _ _ _ _ _ _ _ _ _ _ _ _ _ _ _

Mot de passe _

Email associé _ _ _ _ _ _ _ _ _ _ _ _ _ _ _ _ _ _ _

Question & réponse sécrètes _ _ _ _ _ _ _ _ _ _ _ _

_ _

_ _

_ _

V

Site _

Nom d'utilisateur _ _ _ _ _ _ _ _ _ _ _ _ _ _ _ _ _ _ _

Mot de passe _

Email associé _

Question & réponse sécrètes _ _ _ _ _ _ _ _ _ _ _ _ _

_ _

_ _

_ _

Site _

Nom d'utilisateur _ _ _ _ _ _ _ _ _ _ _ _ _ _ _ _ _ _ _

Mot de passe _

Email associé _

Question & réponse sécrètes _ _ _ _ _ _ _ _ _ _ _ _ _

_ _

_ _

_ _

V

Site _

Nom d'utilisateur _ _ _ _ _ _ _ _ _ _ _ _ _ _ _ _ _ _ _

Mot de passe _

Email associé _

Question & réponse sécrètes _ _ _ _ _ _ _ _ _ _ _ _

_ _

_ _

_ _

Site _

Nom d'utilisateur _ _ _ _ _ _ _ _ _ _ _ _ _ _ _ _ _ _

Mot de passe _

Email associé _

Question & réponse sécrètes _ _ _ _ _ _ _ _ _ _ _ _

_ _

_ _

_ _

V

Site _

Nom d'utilisateur _ _ _ _ _ _ _ _ _ _ _ _ _ _ _ _ _ _ _

Mot de passe _

Email associé _

Question & réponse sécrètes _ _ _ _ _ _ _ _ _ _ _ _

_ _

_ _

_ _

Site _

Nom d'utilisateur _ _ _ _ _ _ _ _ _ _ _ _ _ _ _ _ _ _ _

Mot de passe _

Email associé _

Question & réponse sécrètes _ _ _ _ _ _ _ _ _ _ _ _

_ _

_ _

_ _

W

Site _

Nom d'utilisateur _ _ _ _ _ _ _ _ _ _ _ _ _ _ _ _ _ _

Mot de passe _

Email associé _ _ _ _ _ _ _ _ _ _ _ _ _ _ _ _ _ _

Question & réponse sécrètes _ _ _ _ _ _ _ _ _ _ _

_ _

_ _

_ _

Site _

Nom d'utilisateur _ _ _ _ _ _ _ _ _ _ _ _ _ _ _ _ _ _

Mot de passe _

Email associé _ _ _ _ _ _ _ _ _ _ _ _ _ _ _ _ _ _

Question & réponse sécrètes _ _ _ _ _ _ _ _ _ _ _

_ _

_ _

_ _

W

Site _

Nom d'utilisateur _ _ _ _ _ _ _ _ _ _ _ _ _ _ _ _ _ _

Mot de passe _

Email associé _ _ _ _ _ _ _ _ _ _ _ _ _ _ _ _ _ _ _

Question & réponse sécrètes _ _ _ _ _ _ _ _ _ _ _ _

_ _

_ _

_ _

Site _

Nom d'utilisateur _ _ _ _ _ _ _ _ _ _ _ _ _ _ _ _ _ _

Mot de passe _

Email associé _ _ _ _ _ _ _ _ _ _ _ _ _ _ _ _ _ _ _

Question & réponse sécrètes _ _ _ _ _ _ _ _ _ _ _ _

_ _

_ _

_ _

W

Site _

Nom d'utilisateur _

Mot de passe _

Email associé _

Question & réponse sécrètes _ _ _ _ _ _ _ _ _ _ _ _ _ _ _ _

_ _

_ _

_ _

Site _

Nom d'utilisateur _

Mot de passe _

Email associé _

Question & réponse sécrètes _ _ _ _ _ _ _ _ _ _ _ _ _ _ _ _

_ _

_ _

_ _

W

Site _

Nom d'utilisateur _

Mot de passe _

Email associé _

Question & réponse sécrètes _ _ _ _ _ _ _ _ _ _ _ _ _ _

_ _

_ _

_ _

Site _

Nom d'utilisateur _

Mot de passe _

Email associé _

Question & réponse sécrètes _ _ _ _ _ _ _ _ _ _ _ _ _ _

_ _

_ _

_ _

W

Site _

Nom d'utilisateur _

Mot de passe _

Email associé _

Question & réponse sécrètes _ _ _ _ _ _ _ _ _ _ _ _ _ _

_ _

_ _

_ _

Site _

Nom d'utilisateur _

Mot de passe _

Email associé _

Question & réponse sécrètes _ _ _ _ _ _ _ _ _ _ _ _ _ _

_ _

_ _

_ _

W

Site _

Nom d'utilisateur _ _ _ _ _ _ _ _ _ _ _ _ _ _ _ _ _ _

Mot de passe _

Email associé _ _ _ _ _ _ _ _ _ _ _ _ _ _ _ _ _ _

Question & réponse sécrètes _ _ _ _ _ _ _ _ _ _ _

_ _

_ _

_ _

Site _

Nom d'utilisateur _ _ _ _ _ _ _ _ _ _ _ _ _ _ _ _ _ _

Mot dc passe _

Email associé _ _ _ _ _ _ _ _ _ _ _ _ _ _ _ _ _ _

Question & réponse sécrètes _ _ _ _ _ _ _ _ _ _ _

_ _

_ _

_ _

X

Site _

Nom d'utilisateur _ _ _ _ _ _ _ _ _ _ _ _ _ _ _

Mot de passe _ _ _ _ _ _ _ _ _ _ _ _ _ _ _ _

Email associé _ _ _ _ _ _ _ _ _ _ _ _ _ _ _

Question & réponse sécrètes _ _ _ _ _ _ _ _ _ _

_ _ _ _ _ _ _ _ _ _ _ _ _ _ _ _ _ _ _ _

_ _ _ _ _ _ _ _ _ _ _ _ _ _ _ _ _ _ _ _

_ _ _ _ _ _ _ _ _ _ _ _ _ _ _ _ _ _ _ _

Site _

Nom d'utilisateur _ _ _ _ _ _ _ _ _ _ _ _ _ _ _

Mot de passe _ _ _ _ _ _ _ _ _ _ _ _ _ _ _ _

Email associé _ _ _ _ _ _ _ _ _ _ _ _ _ _ _

Question & réponse sécrètes _ _ _ _ _ _ _ _ _ _

_ _ _ _ _ _ _ _ _ _ _ _ _ _ _ _ _ _ _ _

_ _ _ _ _ _ _ _ _ _ _ _ _ _ _ _ _ _ _ _

_ _ _ _ _ _ _ _ _ _ _ _ _ _ _ _ _ _ _ _

X

Site _

Nom d'utilisateur _ _ _ _ _ _ _ _ _ _ _ _ _ _ _

Mot de passe _ _ _ _ _ _ _ _ _ _ _ _ _ _ _

Email associé _ _ _ _ _ _ _ _ _ _ _ _ _ _ _

Question & réponse sécrètes _ _ _ _ _ _ _ _ _

_ _

_ _

_ _

Site _

Nom d'utilisateur _ _ _ _ _ _ _ _ _ _ _ _ _ _ _

Mot de passe _ _ _ _ _ _ _ _ _ _ _ _ _ _ _

Email associé _ _ _ _ _ _ _ _ _ _ _ _ _ _ _

Question & réponse sécrètes _ _ _ _ _ _ _ _ _

_ _

_ _

_ _

X

Site _

Nom d'utilisateur _

Mot de passe _

Email associé _

Question & réponse sécrètes _ _ _ _ _ _ _ _ _ _ _ _

_ _

_ _

_ _

Site _

Nom d'utilisateur _

Mot de passe _

Email associé _

Question & réponse sécrètes _ _ _ _ _ _ _ _ _ _ _ _

_ _

_ _

_ _

X

Site _

Nom d'utilisateur _

Mot de passe _

Email associé _

Question & réponse sécrètes _ _ _ _ _ _ _ _ _ _ _ _ _ _ _

_ _

_ _

_ _

Site _

Nom d'utilisateur _

Mot de passe _

Email associé _

Question & réponse sécrètes _ _ _ _ _ _ _ _ _ _ _ _ _ _ _

_ _

_ _

_ _

Y

Site _

Nom d'utilisateur _ _ _ _ _ _ _ _ _ _ _ _ _ _ _ _ _ _

Mot de passe _

Email associé _ _ _ _ _ _ _ _ _ _ _ _ _ _ _ _ _ _ _

Question & réponse sécrètes _ _ _ _ _ _ _ _ _ _ _ _

_ _

_ _

_ _

Site _

Nom d'utilisateur _ _ _ _ _ _ _ _ _ _ _ _ _ _ _ _ _ _

Mot de passe _

Email associé _ _ _ _ _ _ _ _ _ _ _ _ _ _ _ _ _ _ _

Question & réponse sécrètes _ _ _ _ _ _ _ _ _ _ _ _

_ _

_ _

_ _

Y

Site _

Nom d'utilisateur _ _ _ _ _ _ _ _ _ _ _ _ _ _ _ _ _ _ _

Mot de passe _

Email associé _ _ _ _ _ _ _ _ _ _ _ _ _ _ _ _ _ _ _

Question & réponse sécrètes _ _ _ _ _ _ _ _ _ _ _ _

_ _

_ _

_ _

Site _

Nom d'utilisateur _ _ _ _ _ _ _ _ _ _ _ _ _ _ _ _ _ _ _

Mot de passe _

Email associé _ _ _ _ _ _ _ _ _ _ _ _ _ _ _ _ _ _ _

Question & réponse sécrètes _ _ _ _ _ _ _ _ _ _ _ _

_ _

_ _

_ _

Y

Site _

Nom d'utilisateur _

Mot de passe _

Email associé _

Question & réponse sécrètes _ _ _ _ _ _ _ _ _ _ _ _ _ _ _

_ _

_ _

_ _

Site _

Nom d'utilisateur _

Mot de passe _

Email associé _

Question & réponse sécrètes _ _ _ _ _ _ _ _ _ _ _ _ _ _ _

_ _

_ _

_ _

Y

Site _

Nom d'utilisateur _

Mot de passe _

Email associé _

Question & réponse sécrètes _ _ _ _ _ _ _ _ _ _ _ _ _ _ _ _

_ _

_ _

_ _

Site _

Nom d'utilisateur _

Mot de passe _

Email associé _

Question & réponse sécrètes _ _ _ _ _ _ _ _ _ _ _ _ _ _ _ _

_ _

_ _

_ _

Z

Site _

Nom d'utilisateur _ _ _ _ _ _ _ _ _ _ _ _ _ _ _ _ _ _ _

Mot de passe _

Email associé _ _ _ _ _ _ _ _ _ _ _ _ _ _ _ _ _ _ _

Question & réponse sécrètes _ _ _ _ _ _ _ _ _ _ _ _

_ _

_ _

_ _

Site _

Nom d'utilisateur _ _ _ _ _ _ _ _ _ _ _ _ _ _ _ _ _ _ _

Mot de passe _

Email associé _ _ _ _ _ _ _ _ _ _ _ _ _ _ _ _ _ _ _

Question & réponse sécrètes _ _ _ _ _ _ _ _ _ _ _ _

_ _

_ _

_ _

Z

Site _

Nom d'utilisateur _ _ _ _ _ _ _ _ _ _ _ _ _ _ _ _

Mot de passe _ _ _ _ _ _ _ _ _ _ _ _ _ _ _ _ _ _

Email associé _ _ _ _ _ _ _ _ _ _ _ _ _ _ _ _ _

Question & réponse sécrètes _ _ _ _ _ _ _ _ _ _

_ _

_ _

_ _

Site _

Nom d'utilisateur _ _ _ _ _ _ _ _ _ _ _ _ _ _ _ _

Mot de passe _ _ _ _ _ _ _ _ _ _ _ _ _ _ _ _ _ _

Email associé _ _ _ _ _ _ _ _ _ _ _ _ _ _ _ _ _

Question & réponse sécrètes _ _ _ _ _ _ _ _ _ _

_ _

_ _

_ _

Z

Site _

Nom d'utilisateur _ _ _ _ _ _ _ _ _ _ _ _ _ _ _ _ _

Mot de passe _ _ _ _ _ _ _ _ _ _ _ _ _ _ _ _ _ _

Email associé _ _ _ _ _ _ _ _ _ _ _ _ _ _ _ _ _

Question & réponse sécrètes _ _ _ _ _ _ _ _ _ _ _

_ _

_ _

_ _

Site _

Nom d'utilisateur _ _ _ _ _ _ _ _ _ _ _ _ _ _ _ _

Mot de passe _ _ _ _ _ _ _ _ _ _ _ _ _ _ _ _ _ _

Email associé _ _ _ _ _ _ _ _ _ _ _ _ _ _ _ _ _

Question & réponse sécrètes _ _ _ _ _ _ _ _ _ _ _

_ _

_ _

_ _

Z

Site _

Nom d'utilisateur _ _ _ _ _ _ _ _ _ _ _ _ _ _ _ _ _ _

Mot de passe _ _ _ _ _ _ _ _ _ _ _ _ _ _ _ _ _ _ _

Email associé _ _ _ _ _ _ _ _ _ _ _ _ _ _ _ _ _ _

Question & réponse sécrètes _ _ _ _ _ _ _ _ _ _

_ _

_ _

_ _

Site _

Nom d'utilisateur _ _ _ _ _ _ _ _ _ _ _ _ _ _ _ _ _

Mot de passe _ _ _ _ _ _ _ _ _ _ _ _ _ _ _ _ _ _

Email associé _ _ _ _ _ _ _ _ _ _ _ _ _ _ _ _ _

Question & réponse sécrètes _ _ _ _ _ _ _ _ _ _

_ _

_ _

_ _

Z

Site _

Nom d'utilisateur _

Mot de passe _

Email associé _

Question & réponse sécrètes _ _ _ _ _ _ _ _ _ _ _ _ _ _

_ _

_ _

_ _

Site _

Nom d'utilisateur _

Mot de passe _

Email associé _

Question & réponse sécrètes _ _ _ _ _ _ _ _ _ _ _ _ _ _

_ _

_ _

_ _